LE

PRINCE NAPOLÉON

EN

ALLEMAGNE ET EN TURQUIE

PARIS

IMPRIMERIE BALITOUT, QUESTROY ET C

7, RUE BAILLIF, ET RUE DE VALOIS, 18

LE

PRINCE NAPOLÉON

EN

ALLEMAGNE ET EN TURQUIE

PARIS

E. DENTU, LIBRAIRE-ÉDITEUR

PALAIS-ROYAL, 17 ET 19, GALERIE D'ORLÉANS

1868

LE

PRINCE NAPOLÉON

EN

ALLEMAGNE ET EN TURQUIE

Nous n'avons pas la prétention de connaître le motif du voyage que le prince Napoléon, de retour de Berlin, vient de faire dans l'Allemagne du Sud et à Constantinople ; mais nous croyons utile d'examiner l'opportunité de cette excursion, au point de vue de l'état général de l'Europe et des questions du jour qui tiennent particulièrement la France en suspens.

Cet examen nous permettra, nous l'espérons, d'apprécier plus sainement les embarras dont nous exagérons peut-être la portée, faute de les considérer de près, et dont nous redoutons les suites, faute d'apercevoir que nous pouvons les faire tourner à notre profit comme à notre détriment, selon que nous recourrons à notre froide raison ou à nos passions pour les aplanir.

Le prince Napoléon est, en général, peu connu, et nous n'avons ici le droit de l'apprécier que par sa vie publique. Or, il résulte, soit des actes qu'il a posés comme président de la Commission impériale, lors de notre première Exposition universelle, soit des discours prononcés par lui au Sénat ou ailleurs, que le Prince est doué de la plus grande franchise et d'une connaissance des hommes telle que le plus fin comédien politique voit tomber son masque devant lui.

Maintenant, qu'il y ait eu une mission au fond du voyage du Prince, ou un désir, bien naturel dans sa position, d'observer par lui-même la véritable disposition des esprits au-delà du Rhin et du Danube, il n'en est pas moins vrai que personne ne pouvait rapporter de ce voyage des impressions plus saines, des observations plus justes que lui.

Le Prince a passé une grande partie de sa jeunesse en Allemagne ; il connaît la langue du pays ; il a observé la politique des cours d'avant 1848, et il sait par quelle pente l'Allemagne est arrivée à sa situation actuelle.

Il n'ignore pas quels tenants et aboutissants la Russie s'est créés avec les cours et les dynasties allemandes ; il sait que, de longue main, la Russie a préparé un état de choses où elle trouverait dans l'Allemagne une avant-garde contre la France, le jour où celle-ci se verrait abandonnée par l'Angleterre, et où l'Autriche, déchirée par les prétentions de ses nationalités, ne pourrait plus s'allier à la France pour empêcher la Russie d'aller à Constantinople.

Le Prince a dû peser souvent dans son esprit les résultats de la bataille de Sadowa. Il a dû se demander si l'Autriche étant victorieuse, son succès l'eut placée réellement à la tête de l'Allemagne. Et il a dû se dire que l'Autriche aurait pu, après la victoire, reconstituer la Confédération germanique à son profit ; mais qu'après comme avant 1848, elle eût occupé le second rang, et que l'hégémonie morale fût restée à l'Allemagne du Nord.

Portant ses regards sur les succès de la Prusse, il a dû reconnaître que si la Prusse *féodale* commandait à Sadowa, c'était à la Prusse *libérale* que revenait la victoire, et que cette victoire profiterait tôt ou tard à ceux qui l'avaient remportée.

Mais nous voici au cœur de la formidable question du jour.

Si l'Autriche avait vaincu à Sadowa, son alliance avec la France la mettait, ainsi que nous-mêmes à l'abri des Russes et fermait au czar le chemin de Constantinople.

L'hégémonie de l'Autriche étant devenue à jamais impossible en Allemagne, nous sommes, pour ce qui concerne la Russie, à la merci de la Prusse. Combien de temps durera la pression du parti féodal sur la Prusse telle qu'elle est sortie de la victoire de Sadowa?

Il est aussi difficile de fixer l'époque de cet événement, qu'il est facile de prédire la chute du système actuel destiné évidemment à tomber avec M. de Bismark.

Il était donc sage que le Prince allât à Berlin.

La France est prête pour la guerre, sans nul doute; mais n'y avait-il pas mieux à faire que de prendre ce parti extrême? Détacher la Prusse de la Russie et écarter ainsi la seule menace, le seul danger que pût présenter l'hégémonie prussienne en Allemagne, n'était-ce pas là d'une politique prudente, sage, conseillée par les intérêts les plus sérieux de la France?

Le second voyage du prince Napoléon fait présumer qu'il ne s'est pas laissé induire en erreur par les masques de la cour de Berlin.

En effet, cette cour est russe. Cela est si vrai, qu'un jour ayant pu voir les deux cours de Pétersbourg et de Berlin réunies, nous constatâmes des deux parts mêmes allures, même langage, mêmes tendances, mêmes aspirations, mêmes physionomies et jusqu'aux mêmes uniformes et aux mêmes livrées.

Dans cette situation, quel était le meilleur parti à prendre? Sonder l'Autriche et puis s'assurer du véritable état offensif et défensif de la Turquie.

Ayant à traverser le sud de l'Allemagne, le

Prince pouvait y observer l'esprit public et l'esprit des cours. Sa mère étant sœur du feu roi de Wurtemberg, il se trouve que le Prince est allié à la fois et à cette maison de Wurtemberg, sur laquelle la Russie exerce une pression formidable, et par sa cousine, fille du feu roi de Wurtemberg, à la maison de Hollande, alliée également à la Russie.

Mais le Prince ne s'est jamais arrêté à des considérations de parenté ou d'alliance. Sa pensée plane au-dessus de ces circonstances accidentelles pour s'élever dans les régions de la vraie politique française, et c'est là qu'il a appris à considérer la Russie comme l'irréconciliable ennemie de la France moderne.

Il est adversaire déclaré de toute séduction russe, et il ne s'en cache pas. Trop clairvoyant pour s'arrêter à une politique de dupe, il sait trop bien que de s'allier à la politique des Romanoff, ce serait envelopper l'Hercule français dans la robe empoisonnée de Nessus.

On dit que la Prusse, voyant l'extrême répugnance que l'absorption des États du Sud dans la Confédération du Nord inspire aux populations méridionales, se montrerait favorable à une Confédération des États du Sud. C'est aussi simple que machiavélique. Lorsque les divers États du Sud auront abdiqué entre les mains d'un État dirigeant, l'absorption de l'Allemagne du Sud deviendra le prix d'une seconde victoire de Sadowa, plus facile à gagner que la première.

La conduite de la cour de Bavière dans cette occurrence nous montre jusqu'à quel point la Prusse a su déjà préparer la réussite de ses projets.

La Bavière possède aujourd'hui un roi qui est la risée de ses sujets d'abord, de l'Europe ensuite. Il se laisse mener, conduire, gouverner par un musicien, dont il subit les goûts, les caprices, les rancunes. Sous le grand père Louis c'était Lolà-Montès qui gouvernait la Bavière, aujourd'hui, sous le petit-fils, c'est un musicien.

Avec un ministre comme le prince de Hohenlohe, l'âme damnée de la Prusse, on comprend où ira de chute en chute la dynastie des Wittelsbach et combien peu de façons mettra M. de Bismark, si Dieu lui donne vie, à conduire à la frontière ce pauvre petit roi, après avoir porté la main sur l'antique dynastie de Hanovre et sur le roi vénéré de Saxe.

L'Allemagne est depuis longtemps imbue de cette idée, que la France veut restaurer contre elle l'ancienne confédération du Rhin. On lui a fait prêcher cette absurdité sur tous les tons, par les journaux à gages que la Prusse entretient partout.

Le prince Napoléon connaît trop bien l'Allemagne pour ne pas considérer un pareil projet comme suranné, et il a pu penser, que les États allemands du Sud, en s'unissant par un lien politique, mais en conservant néanmoins défensif leur autonomie, pourraient résister aux entraînements de la Prusse vers la Russie. En effet, l'Allemagne du Sud peut entrer dans l'union douanière du Nord, et se considérer comme étroitement unie au grand corps germanique tout en repoussant l'oppression du czar caché derrière la cour de

Berlin. L'Allemagne du Sud est libérale et ne veut, à aucun prix, du joug moscovite.

Il était donc sage de désirer une union des États du Sud, pour tenir en respect les tendances moscovites des féodaux prussiens, et pour offrir à l'Autriche un appui, sinon matériel du moins moral contre la Russie.

La cour de Bavière a donné la mesure de sa nullité en s'esquivant devant le prince comme un enfant mal appris. Ce pauvre roitelet avait oublié que son aïeul, Maximilien Ier, devait son trône, lui petit duc allemand, à l'oncle du prince Napoléon. Le prince en a été dédommagé par la réception qu'on lui a faite en Autriche et à Constantinople, et d'ailleurs l'opinion en France l'a vengé de ce dédain ridicule que l'on met sur le compte de M. de Bismark autant que sur la pusillanimité du royal Mécène de M. Richard Wagner.

Nous doutons que le Prince ait été fort édifié de ce qu'il a vu en Autriche.

Les concessions de François-Joseph ne seront jamais que des concessions extorquées par les embarras du moment et qu'il cherchera à retirer dès qu'il le pourra convenablement.

Son récent langage au comte Clam-Martiniz, à Prague, ne prouve rien contre notre opinion. François-Joseph, d'accord en cela avec tous les souverains absolus, déteste les féodaux, il ne veut personne entre lui et le peuple hongrois, et il se servira du peuple pour tenir en échec la noblesse. Sa menace à Clam-Martiniz rappelle les massacres des nobles de la Gallicie par leurs paysans, en 1847.

Les nobles hongrois se croient tous les égaux de leur souverain et François-Joseph pense qu'après les avoir abattus, il se trouvera mieux à l'aise avec une chambre basse au-dessous de laquelle se trouverait, la gent taillable et corvéable à merci.

Pour apprendre la situation véritable de l'Autriche il vaut mieux s'en rapporter aux paroles que M. de Beust vient d'adresser au comte Apponyi, l'ambassadeur d'Autriche à Londres, sur la mesure sans exemple prise par le gouvernement de François-Joseph, relativement aux bons

Autrichiens. La dépêche de M. de Beust a été communiquée au *Times*. Il se pourrait que le langage du prince Napoléon à Vienne ait valu au journal anglais cette triste primeur.

Depuis longtemps le gouvernement projetait de frapper d'un impôt les coupons de sa rente. Les journaux ont rapporté à l'envi que le prince Napoléon avait vivement déconseillé cette mesure, qu'il devait condamner au point de vue des intérêts français aussi bien qu'à celui du bon sens et d'une saine politique financière. C'est peut-être à cause de cela que l'on a envoyé à Londres un document que la France avait droit de connaître la première, en raison des sommes immenses enfouies par elle et dans les emprunts et dans les chemins de fer autrichiens.

Copions le passage le plus saillant de la dépêche reproduite par le *Times*.

« Si on étudie le cours de la Bourse on ne peut nier que la grande partie de nos créanciers qui ont acheté des rentes autrichiennes, depuis 1848, ont placé leur argent avec un très-grand avantage. Maintenant chacun sait que le taux de l'intérêt est nécessairement toujours en proportion inverse avec la sécurité du capital et ceux qui nous confiaient leur argent d'avance, savaient que, pour avoir 7, 8, ou 9 p. 100 ils exposaient leurs capitaux à des chances qu'ils auraient pu éviter s'ils s'étaient contentés de 3 p. 100 en consolidés anglais. »

Il paraît qu'on se met vite au pas avec les anciennes allures du gouvernement autrichien. M. de Beust a été à la tête de l'honnête et loyal gouvernement de Saxe, et, à peine chancelier de l'empire d'Autriche, il tient le langage d'un enfant prodigue, d'un fils de famille ruiné. Il a l'air de féliciter les créanciers de l'Autriche de n'avoir pas été plus maltraités, d'avoir pu échapper à une banqueroute.

Tirons-en la conséquence qui nous intéresse le plus, c'est que l'Autriche, pour avoir recours à des moyens pareils, conformes d'ailleurs à ses traditions financières, doit être privée de toute ressource. Elle est incapable de devenir notre alliée à moins d'être soudoyée par nous comme elle le fut autrefois par l'Angleterre pour nous combattre.

L'Autriche pourrait ramener à elle les Allemands de ses États et ceux du Midi de l'Allemagne, en étant plus libérale que la Prusse. Ni François-Joseph, ni M. de Beust ne sont hommes à marcher dans cette voie.

L'Autriche pourrait ramener l'ordre dans ses finances, en cessant ses folles prodigalités, en introduisant chez elle une cour et un gouvernement à bon marché. Jamais François-Joseph ne consentira à renoncer aux superfluités ridicules, aux dépenses insensées, fruit de l'étiquette antique de la cour d'Autriche, et jamais M. de Beust ne consentira à retrancher un kreuzer de ses appointements de chancelier de l'Empire.

Et tout ceci donné, comment la France pourrait-elle compter sur l'appui de l'Allemagne du Sud ou sur celui de l'Autriche en Orient?

Que peut-elle attendre de Constantinople?

Rien ou peu de chose. La question des populations chrétiennes, soulevées insidieusement par la Russie, enlève au Sultan sa popularité, son autorité sur les vieux croyants, sans lui donner le moindre équivalent en échange des concessions faites aux chrétiens. Ceux-ci, ne cherchent qu'à s'affranchir de sa tutelle, de son gouvernement, et, grecs, ils tournent les yeux vers la Russie. Quant aux catholiques, c'est une poignée d'hommes numériquement trop faible pour exercer aucune influence sérieuse dans le Divan. Les finances de la Turquie sont dans l'état déplorable que nous connaissons et auquel il y a autant moins de remède, que son dangereux voisin force le Sultan à se tenir sans cesse sur la défensive.

Toutes ces choses, le prince Napoléon les savait avant d'aller à Constantinople, néanmoins sa présence y aura eu une incontestable opportunité. Il aura pu, avec l'autorité qui se rattache à son nom et à sa personne, exposer au Sultan la véritable situation, lui conseiller de la prudence, de la circonspection, et surtout de l'engager à se tenir en garde contre de faux amis.

Nous avons, en énumérant les alliances que nous pourrions former contre la Russie, réservé celle de l'Angleterre. Nous n'attacherons pas une grande importance à l'antique sentiment adverse que les Anglais ont pour nous et que nous leur rendons bien. Nous reconnaîtrons même qu'une longue paix et des rapports centuplés entre l'Angleterre et la France depuis trente ans, ont émoussé la pointe des armes dont nous nous menacions mutuellement.

Toutefois la question est de savoir si l'Angleterre, considérée au point de vue de sa situation actuelle, pourrait devenir pour nous une alliée efficace.

Ne nous y trompons pas, l'Angleterre est en ce moment-ci en travail d'enfantement d'un ordre nouveau.

Le long gouvernement d'une reine y a singulièrement abaissé le respect de la royauté. Les Anglais, tout en jalousant les États-Unis, dont la force les épouvante, se trouvent séduits par ces allures libres de toute entrave, par cette expansion dont la métropole se sent aussi capable que ses fils poussés à la conquête du nouveau monde par la tyrannie de la royauté. Il y a en Angleterre un mouvement prodigieux dans les esprits, on a pu le voir lors de l'expédition entreprise contre Théodoros et qui eût été tout à fait impopulaire si l'orgueil britannique n'avait été mis en jeu par le miroitement de nouvelles conquêtes sur la route de l'Inde, à la veille de l'ouverture du canal de Suez.

Avons-nous à espérer quoi que ce soit de l'Amérique? Évidemment non. L'Amérique nous regarde du haut de sa gigantesque stature comme les géants de Brobdignag regardaient le pauvre Gulliver. L'opinion absolue des Américains est, à tort ou à raison, que nous avons retiré notre drapeau du Mexique devant des manaces venues de Washington.

Ah! si nous avions pu, conservant le Mexique, traverser le nouveau monde en chemin de fer comme le feront bientôt les fiers républicains des États-Unis, si nous avions pu fonder au Mexique un ordre de choses durable, et aller avec nos flottes contenir les Russes en Asie. Mais loin de là, pour avoir craint la liberté, pour avoir voulu introduire au Mexique l'absolutisme autrichien comme un défi jeté aux républicains du Nouveau-Monde, nous avons manqué une occasion qui ne se représentera peut-être plus jamais, celle d'élever d'un seul coup la France au niveau de l'envahissante Russie, de la conquérante Angleterre, de l'audacieuse Amérique du Nord.

N'y songeons plus, et tâchons de tirer parti de ce qui nous reste, et pour cela, ne dédaignons pas d'aller prendre conseil chez nos voisins.

Nous avons des embarras intérieurs aussi bien que l'Angleterre, pour avoir en matière de finances engagé l'avenir outre mesure.

Que fera l'Angleterre ? Nous croyons, nous, qu'elle resterait indifférente même alors qu'elle verrait les Russes entrer à Constantinople.

Les Russes ne viendront pas attaquer la Grande-Bretagne chez elle, et d'ailleurs les Anglais pourraient toujours paralyser la moitié de la force maritime de la Russie. Une flotte russe sortie de la mer Noire ne passerait pas impunément devant Malte ni devant Gibraltar.

En Asie, les Russes se trouvent encore bien loin des possessions anglaises, et l'Amérique prenant pied aux Indes, ces trois puissances renouvelleront toujours l'histoire du dragon à plusieurs têtes et du dragon à plusieurs queues.

L'Allemagne féodale ne nous attaquera pas si nous la laissons en repos, M. de Bismark sait fort bien qu'il a à compter avec le parti libéral dont le parti féodal doit de son vivant ou après sa mort devenir victime.

La Russie est travaillée par le libéralisme plus qu'on le pense. Laissons le progrès faire son œuvre en Moscovie, et nous aurons plus fait pour combattre la barbarie russe, que tous les moyens violents ne pourraient obtenir.

L'Autriche ne saurait se passer pendant un demi-siècle du repos le plus absolu, car elle est arrivée au point de devoir s'écrier avec Hamlet :

To be or not to be, that is the question !

et son existence est au prix de son repos.

Un journal français lui donnait ces jours derniers le conseil de s'étendre vers les Principautés. C'est conseiller à un propriétaire obéré d'acheter de nouveaux terrains à moitié incultes lorsqu'il manque du nécessaire pour féconder les siens propres.

L'Italie, l'Espagne, ont également besoin de

repos si elle ne veulent s'exposer, l'une à une restauration des princes déchus, l'autre à la guerre civile.

Pesons impartialement ce que la guerre vaudrait de maux à la France, ce que la paix lui apporterait de bienfaits.

Une guerre avec la Prusse nous donnerait peut-être les provinces rhénanes et Palatinat pendant un court espace de temps, mais une coalition formidable finirait par nous arracher derechef ces populations qui ne nous appellent pas, qui sont foncièrement allemandes, et il ne serait pas impossible que l'Autriche et l'Angleterre se rangeassent en même temps que la Russie du côté des Hohenzollern.

L'Angleterre, en effet, verrait dans une guerre contre nous l'occasion favorable de s'emparer de l'Égypte et du canal de Suez, notre œuvre, et de nous chasser de l'extrême Asie.

L'Italie elle-même se retournerait contre nous, soit qu'elle continuât de vivre sous l'expansion des idées libérales, soit qu'elle subît une restauration, car l'Italie libérale parle déjà de s'étendre dans la Méditerranée, de créer des colonies sur la côte africaine, et on compterait vainement sur les princes restaurés pour une alliance avec la France de 89.

Proclamons la paix, et nous déjouons tous les calculs de nos adversaires.

Nous payons notre arriéré, et nous nous créons des ressources nécessaires pour nous maintenir dans un état respectable de défense.

Nous laissons en Allemagne le parti libéral exercer son action dissolvante sur le parti féodal, et ramener à nous l'opinion publique que la guerre en éloignerait tout en précipitant l'achèvement complet de l'unité allemande contre la France.

L'Angleterre serait forcée de compter et avec des embarras intérieurs auxquels elle ne trouverait plus de diversion, et avec notre modération même, car la modération donne une force bien plus grande que la violence, en ce qu'elle a toujours pour compagne la sagesse, et pour compagnon le bon droit.

La Russie subirait l'influence des classes

bourgeoises, dont le czar favorise l'avènement pour les opposer à la noblesse, mais qui deviendront plus tard le pouvoir modérateur opposé par la nation à l'absolutisme.

Notre modération nous réconcilierait avec les États-Unis, dont l'alliance avec la Russie est une véritable monstruosité.

L'Allemagne, ramenée vers nous par une sage politique, les Allemands des États-Unis, si puissants déjà dans leur nouvelle patrie, nous tendraient la main par de là l'Océan, car ils nourrissent vivace dans leur cœur la haine que l'Allemagne libérale a toujours portée à la Russie.

Nous étendrions notre influence le long de la côte africaine en affranchissant nos établissements du joug militaire, sous lequel jamais rien n'a prospéré.

Nous profiterions de l'ouverture du canal de Suez pour étendre nos rapports commerciaux avec l'extrême Asie.

Les liens de famille qui existent entre la maison de Hollande et celle des Napoléon pourraient devenir le point de départ d'une alliance avec ce pays, en vue d'une action commune dans ces lointains parages, où les Bataves nous ont précédé, et dont une longue expérience leur a fait connaître l'état politique et social, ainsi que les ressources.

Nous mettrions surtout à profit, quoiqu'elle nous vienne d'Amérique, une rude leçon.

La Chine a choisi un Américain pour représenter sa politique auprès des cours d'Europe. Pourquoi cette préférence accordée par le Céleste-Empire à un simple citoyen des États-Unis?

Parce que la grandeur de cette république a éclaté durant la guerre contre les sudistes, et qu'il en a rejailli sur le drapeau étoilé une grande considération.

Les Américains ne font d'autre propagande que celle du commerce, propagande qui ouvrira plus tard les portes au progrès des idées, à la civilisation, aux notions plus saines sur toutes choses et entre autres sur l'humaine destinée.

Les Américains, quoique fanatiques observateurs du sabbat, ne se font ni propagateurs de

bibles, ni pusillanimes administrateurs du baptême matériel. Ils ne font pas du zèle comme
nous le laissons faire imprudemment parmi les
Arabes; ils ne commencent point par des établissements religieux, dont l'influence est d'ailleurs restée si nulle jusqu'à ce jour; ils ne dé-
pensent pas en fantasmagories les millions de la
fortune publique ou privée de leur pays. Nullement. Ils attendent de l'action du temps ce que
nous demandons vainement à une propagande
stérile dont le seul résultat est de mettre des
millions à la disposition d'hommes ambitieux
qui nous font traîner dans toutes nos colonies
le boulet de leurs prétentions. Pas un diplomate
ne part pour ces lointaines contrées sans avoir
dans son portefeuille l'ordre de poser quelqu'acte
de nature à faire échouer sa mission civile.

Et voilà pourquoi la Chine est représentée aujourd'hui en Europe par un Américain, et voilà
pourquoi les Hollandais, qui ont servi dans cette
matière de modèles aux Américains, sont encore
aujourd'hui considérés, respectés, dans l'extrême Asie. Nos agents ne peuvent se passer de

leurs lumières, de leur intervention, de leurs conseilsdans les affaires à traiter avec les gouvernements de ces contrées.

Exprimons, en terminant, la ferme conviction que le prince Napoléon est revenu de son voyage avec des idées de paix, avec l'opinion que la guerre nous entraînerait dans un abîme sans fond, et qu'il n'est nullement besoin à l'Europe d'un nouveau baptême de sang pour amener cet ordre de choses nouveau vers lequel nous marchons à pas lents, mais sûrs, depuis 1815. Si le Prince peut faire prévaloir cette opinion, il aura bien mérité du pays, qui ne peut gagner qu'à le mieux connaître et à le voir prendre une part plus active aux affaires publiques.

Non, il ne faut pas une nouvelle lutte, pour assurer les principes de 89! Les peuples les portent tous dans leur cœur, ils en veulent l'application universelle.

La guerre ferait reculer d'un siècle l'application complète universelle de ces principes.

Dès lors la guerre serait un crime contre l'humanité. Qu'on prenne au sérieux comme elle le mérite, la dernière Exposition universelle, qu'on s'y reporte avec ardeur. Ne sont-ce pas les peuples qui l'ont fondée par leurs travaux individuels réunis en un concours général? Et si les rois et les princes n'y sont venus qu'en spectateurs, quelques-uns ont tenu à honneur d'y figurer comme exposants.

Ces fêtes de la grande famille humaine se reproduiront, plus complètes encore, mieux comprises, célébrées plus fraternellement. Voilà où doivent tendre nos efforts et non à des guerres fratricides.

La France n'a pas dégénéré, mais elle n'aime plus comme autrefois et comme par tempéramment la guerre pour la guerre. Sous Louis XIV, sous Louis XV le soldat se battait pour se battre. La féodalité avait trop lourdement appesanti son gantelet de fer sur le pauvre peuple, pour que les soldats paysans de la République ne devinssent pas des héros, soit en défendant la frontière, soit en allant combattre au loin ceux qui voulaient les ramener sous un régime exécré

Sous Napoléon Ier, la cause de la guerre échappait souvent au soldat, auquel on ne parlait d'ailleurs que de gloire et de lauriers.

Nos idées se sont bien modifiées depuis. Les luttes de la tribune sous la Restauration et le règne de Louis-Philippe n'ont pas été stériles pour l'éducation politique du peuple ; il a appris à demander le pourquoi des actes du gouvernement, et les dernières guerres ne l'ont pas détourné de cette louable habitude.

Le gouvernement actuel, en consultant le sentiment du peuple dans cette question de guerre et de paix, ne fera au fond qu'agir dans son propre intérêt. Ainsi, malgré tout ce qu'on a pu dire en faveur des candidatures officielles, il ne serait peut-être pas inutile, après un règne de dix-huit ans, d'écouter la voix populaire en dehors de toute pression administrative aux prochaines élections.

Nous avons eu une majorité stationnaire ou rétrograde portée depuis dix-huit ans à la Chambre par le vœu populaire administrativement discipliné.

La seule chose à redouter serait de voir arriver comme représentants du suffrage libre des hommes moins exclusifs, plus raisonnables, et apportant, par cela même, au gouvernement l'appui de lumières, plus sérieuses d'une autorité plus vraie, d'une popularité de meilleur aloi que n'en possédaient leurs prédécesseurs.

Le temps serait peut-être venu aussi de rectifier quelques autres anomalies.

Ne pourrait-on pas avoir mieux que cette diplomatie sans caractère, où se trouvent pêle-mêle des hommes de toutes les couleurs imbus des traditions les plus hétérogènes.

A la direction de l'instruction publique, nous voyons un ministre libéral passer sous les fourches caudines de l'épiscopat, entravé à chaque heure par des interventions désastreuses, dans des questions où les grands intérêts de la France doivent seuls se faire entendre.

Ne serait-il pas opportun de rompre le silence officiel sur des affaires où la fortune de tous est intéressée et sur lesquelles tout le monde a le droit d'appeler la lumière ?

Et cette question d'Italie, n'importerait-il pas de la résoudre, ne fût-ce que pour dégrever un peu le bilan politique, déjà si lourd, de l'avenir?

Et cette administration de l'Algérie, sans contrôle, sans boussole, antipathique à ceux qui la subissent, ténébreuse pour ceux qui l'observent, et n'ayant produit depuis tant d'années que des résultats qui nous font la risée des peuples vraiment colonisateurs, n'y aurait-il pas quelque chose à faire de ce côté?

Le peuple français a toutes les aptitudes; il s'est façonné avec une rare intelligence au progrès matériel; il a dépassé dans la pratique de ce qui constitue le génie de la société moderne tout ce qu'on eût jamais pu attendre de lui. — Qu'on le laisse prêcher d'exemple à l'Europe, et il arrivera par ce seul moyen à des conquêtes auxquelles l'expansion de son immense force matérielle sur les champs de bataille ne lui permettrait jamais d'atteindre.

Paris, imp. BALITROUT, QUESTROY et Cᵉ, 7, rue Baillif.